LA CLAVE DEL ÉXITO

Pequeñas cosas que marcan la diferencia

Resumen y análisis
de la obra de Malcolm Gladwell

Por Anastasia Samygin-Cherkaoui
Traducido por Marina Martín Serra

Book Review   en50MINUTOS.es

SACA LO MEJOR DE CADA SUPERVENTAS

Padre Rico, Padre Pobre

Empresas que sobresalen

La semana laboral de 4 horas

Primero, lo primero

PEQUEÑAS COSAS QUE MARCAN TODA LA DIFERENCIA

En *La clave del éxito*, obra de Malcolm Gladwell que ha cosechado un gran éxito, el autor analiza el desencadenamiento y la propagación de una serie de fenómenos sociales, para los que propone una explicación bastante personal, que transforma nuestra percepción de la forma en la que la gente se comporta y en la que las modas se forman. Los ejemplos escogidos le permiten presentar una reflexión que hace hincapié en factores complementarios, más que en un solo elemento.

Y es que ahí radica la originalidad de esta obra: cada elemento, cogido por separado, no parece suficiente para explicar por sí solo un fenómeno de «epidemia social». Solamente en conjunto, y normalmente no de forma fortuita sino de manera accidental, generan una dinámica particular propicia para el nacimiento de un fenómeno de envergadura.

El segundo punto de especial interés de este libro se sitúa en el número de ejemplos concretos: no solo hablamos de experimentos llevados a cabo en psicología social, sino también de otros análisis, ya se trate del éxito de un libro, de un fenómeno a la moda, de un método de información original en materia de prevención de las enfermedades de transmisión sexual, etc.

Finalmente, «el punto de clave» designa el momento, no necesariamente calculado o controlado, en el que una situación o una información adquiere importancia para pasar de la fase de difusión confidencial a la de «fenómeno» e, incluso, el movimiento que se desprende de una dinámica en parte espontánea, de «fenómeno social».

- **¿Edición de referencia?** Gladwell, Malcolm. 2007. *La clave del éxito*. Traducido por Inés Belaustegui. Madrid: Taurus, colección *Pensamiento*.
- **¿Autor?** Malcolm Gladwell (periodista y escritor británico, nacido en 1963 en Fareham, Gran Bretaña).
- **¿Contexto y ámbito?** Autor de obras de éxito (*La clave del éxito*, *Inteligencia intuitiva*, *David y Goliat*), debe una (buena) parte de su éxito a las explicaciones originales que aporta, haciendo un uso inesperado de ámbitos de las ciencias sociales como la sociología y la psicología, que ilustra con la ayuda de ejemplos sacados de sucesos o de noticias de sociedad.
- **¿Palabras clave?**
  - Epidemia social: partiendo de la noción «médica» de la epidemia, es decir, la propagación rápida de una enfermedad contagiosa en el seno de una población, el autor presenta este término como una «epidemia social» para dar la idea de una propagación rápida de un comportamiento, de una elección, etc.
  - Efecto mariposa: esta imagen se la debemos al meteorólogo estadounidense Edward Norton

Lorenz (1917-2008) y representa cómo una perturbación ínfima —como el aleteo de una mariposa— en un sistema puede tener consecuencias importantes e imprevisibles.

- Originalidad: Gladwell utiliza el término de «pájaro raro» para calificar a las personas que, a veces a pesar de no quererlo, van a originar un fenómeno. *A contrario*, el «punto clave», es decir, el momento en el que se alcanza una masa crítica, solamente puede llegar con el conformismo de una parte de los actores, mediante una actitud gregaria (propensión a adoptar un mismo comportamiento).
- Enfoque multidisciplinario: la reflexión del autor se refiere a varias disciplinas universitarias, a las que recurre para explicar fenómenos sociales. Entre sus ámbitos predilectos, están la psicología, la psicología social, la estadística y la sociología.

CONTEXTO

El autor

Malcolm Gladwell nace el 3 de septiembre de 1963 en Fareham (Gran Bretaña). Su madre, de origen jamaicano, es psicoanalista y su padre es profesor de matemáticas. Cuando tiene 6 años, se marcha con su familia de Inglaterra a Canadá, donde el padre continúa trabajando como profesor. Este se da cuenta del pensamiento original de su hijo, y lo autoriza a acompañarlo a su despacho de la Universidad de Waterloo. Allí, el joven Malcolm agudizará su gusto por la lectura.

Durante su etapa escolar, Malcolm Gladwell destaca por sus resultados en carreras de medio fondo (es decir, de una distancia comprendida entre los 800 y los 3000 metros), recorriendo en 1978 la distancia de 1500 metros en cuatro minutos y cinco segundos. A continuación, obtiene el título de Historia en el Trinity College de Toronto.

Entonces, se convierte en periodista para la revista mensual *The American Spectator*. Asimismo, escribe para el ultraconservador *Insight on the News* y luego, en 1987, cubre asuntos en los ámbitos de los negocios y de las ciencias para el *Washington Post*, donde seguirá hasta el año 1996, cuando pasa a formar parte del equipo del *New Yorker*, con la firme intención de explorar los recientes trabajos académicos para la búsqueda de nuevos enfoques con los que podría inspirarse. Rápidamente, se le pide que redacte un artículo sobre moda. En vez de escribir sobre la alta costura, decide realizar el retrato de un creador de camisetas, argumentando que la confección de una camiseta de calidad que cueste solamente 8 dólares representa un desafío mayor que la de un vestido que cueste 100 000 dólares, en vista de las limitaciones presupuestarias. Más adelante, varios artículos escritos para el *New Yorker* servirán de punto de partida para su primera obra, *La clave del éxito*.

En 2002, publica un artículo que hará que se hable de él. Titulado «El mito del talento» («The Talent Myth»), el texto de Gladwell ofrece una reflexión sobre lo que el autor considera un error común entre directivos y directores de empresas: la evaluación y la bonificación rápida del personal. Según Gladwell, estas evaluaciones a menudo se hacen de forma precipitada y no se basan en criterios suficientemente objetivos. Así, trabajadores poco experimentados se valoran en detrimento de otros que disponen de más experiencia y a veces son más meritorios. Otra peculiaridad de esta práctica es la valorización de un temperamento narcisista, con personalidades que se destacarán en caso de éxito, pero que estarán menos inclinadas a asumir las responsabilidades de un fracaso. Para Malcolm Gladwell, los peores directivos son aquellos cuyas personalidades son narcisistas. En cuanto al sistema de evaluación, el autor critica vivamente las bonificaciones rápidas y enuncia que las empresas que tienen éxito a largo plazo son las que tienen en cuenta un conjunto importante de factores de evaluación y en las que las promociones tienen lugar durante periodicidades mayores.

Desde entonces Gladwell ha publicado numerosas obras,

a menudo basándose en artículos escritos de forma precedente para el *New Yorker*.

CONTEXTO Y ÁMBITO

Gladwell, a propósito de su trabajo de escritura, dice que le gusta poner en paralelo dos cosas que le interesan: por un lado, recopilar historias interesantes y, por otro, recopilar teorías interesantes. Lo que busca son las situaciones en las que ambas concuerdan.

Con la lectura de *La clave del éxito*, nos damos cuenta efectivamente de esta forma periodística (o publicitaria) de captar la atención. Por otro lado, los ejemplos, las anécdotas, los sucesos se utilizan para ilustrar la intención del autor. Así, parece que parte de casos concretos para elaborar su teoría.

Gladwell no intenta rebatir los argumentos de investigadores en sociología o en psicología social, por ejemplo. Por el contrario, toma los argumentos con los que está de acuerdo y los fusiona. Aunque está más bien de acuerdo con las investigaciones que presenta, en su opinión, no hay ninguna que sea suficiente para explicar los fenómenos observados.

LA CLAVE DEL ÉXITO

Aquello que le aporta originalidad al planteamiento de Malcolm Gladwell es su postulado de partida, según el que algunos fenómenos importantes se deben a elementos de escasa importancia. Casi nos entran ganas de decir que «de la misma manera, habría podido no pasar nada». *A contrario*, cuando analiza campañas de promoción en materia de atención médica, demuestra también que se pueden obtener resultados concluyentes con pocos medios, pero con la condición de concentrarse en los trasmisores («pájaros raros») y en el método de comunicación del mensaje («adherencia»). Así, partiendo de ejemplos concretos, Gladwell desarrolla una teoría sobre la importancia de pequeñas cosas o de individuos aislados en cuanto al desencadenamiento de lo que llama «epidemias sociales». Los cambios que analiza se basan en tres pilares, descritos a continuación.

LOS PÁJAROS RAROS

Conector, maven y vendedor

Los pájaros raros son aquellas personas que (quizás sin quererlo) van a servir de elemento desencadenante. Gladwell los divide en tres categorías:

- los «conectores», que se basan en una red de comunicación importante y diversificada —transmiten el mensaje—;

- los expertos o conocedores, a los que designa mediante la palabra de origen hebreo «maven» («el que entiende»). Así pues, en realidad, se trata de poseedores de información muy preciada, más que de expertos certificados —proporcionan el mensaje—;
- los «vendedores», que son personas carismáticas, que inspiran confianza y saben convencer —persuaden a los escépticos—.

Aunque se pueden reunir en una única persona, estos tres perfiles son generalmente necesarios para que se desencadene una epidemia social, para que el mensaje se conozca, se expanda y sea convincente.

¿Sabías que...?

Es divertido señalar que estas personas con fuerte temperamento, a las que nos vemos inclinados a seguir, no necesariamente necesitan hacer cualquier cosa para que les sigan, incluso en el terreno emocional. También en este caso, Gladwell se abre paso a través de un ejemplo sacado de un experimento de psicología social, en el que se trataba de observar las repercusiones de un comportamiento no verbal.

El ejemplo presenta a una persona que está de mal humor manifiestamente, pero que no lo expresa directamente con palabras. ¿Qué influencia tendrá en su entorno? Los resultados muestran que el mal humor de algunas personas ha sido contagioso. De forma inversa, su buen humor también lo ha sido. En cambio, el humor de otros participantes en el experimento no ha sido contagioso, ya fuera bueno o malo.

Este test demuestra que un temperamento fuerte influenciará a un temperamento «débil» o conformista, mientras que a la inversa no ocurrirá lo mismo. Identificar estos temperamentos diferentes puede, evidentemente, resultar muy valioso. Así, una comunicación centrada en los únicos «líderes» requerirá menos esfuerzo y será más eficaz que una comunicación llevada a cabo por todos los medios.

Con la lectura de esta obra, constatamos que Malcolm Gladwell puede considerarse un maven, es decir, un personaje superinformado sobre uno o varios temas precisos, y que filtra sus informaciones de forma más o menos desinteresada. En efecto, entre sus centros de interés, dispone de una cultura importante en los ámbitos de la sociología y de la psicología social. Por otro lado, a causa de su profesión de periodista, está bien informado por definición. Así, es bastante natural que utilice sucesos o noticias de sociedad para explicar sus postulados teóricos.

Teoría de las redes

Aunque no se expone como tal en la obra, Gladwell se refiere a ella de forma indirecta, cuando destaca los actores que servirán como desencadenantes de una epidemia social. Ilustra sus observaciones mediante la experiencia llamada del «pequeño mundo» llevada a cabo por el psicólogo estadounidense Stanley Milgram (1933-1984) en los años sesenta.

El mundo es un pañuelo

En 1967, Milgram intenta realizar un experimento cuyo objetivo consistía en estimar el número de relevos entre dos personas que no se conocen. Para lograrlo, el psicólogo toma, por un lado, una muestra de personas elegidas al azar en Nebraska y, por el otro, un agente de valores que vive en Massachusetts. Estos dos puntos están separados por un poco más de 2300 kilómetros. Los participantes tenían la misión de hacerle llegar un correo al agente lo más rápido posible, ya fuera directamente (si le conocían personalmente) o recurriendo a un amigo o a un conocido susceptible de conocerlo personalmente o de acercar el correo al destinatario final, a través de su propia red.

La sorpresa se produjo al constatar, en primer lugar, que el número de relevos era relativamente bajo, con una media de cinco a seis conexiones suficientes para alcanzar al destinatario. A continuación, en la mitad de los casos, solamente encontramos a tres personas justo antes del destinatario final. Así pues, hay que considerar a estas tres personas como pájaros raros.

Gladwell reproduce un ejercicio comparable a la experiencia de Milgram con su círculo de amigos: preguntarse, para cada uno de ellos, quién se lo había presentado. En este caso también, la respuesta se concentraba en un reducido grupo de personas.

Finalmente, esta teoría, aplicada al cine, pone de manifiesto el hecho de que algunos actores también pueden ser calificados como pájaros raros. Sorprendentemente, no se trata de actores muy célebres, sino que son actores que han hecho papeles en un número importante de registros distintos. El libro presenta resultados para el cine estadounidense, pero también se pueden aplicar por ejemplo a la televisión española: ¿cuántas etapas separan a Pepón Nieto de Aura Garrido? La respuesta es 2. Pepón Nieto actuó en *Los hombres de Paco* (entre 2005 y 2010), al lado de Hugo Silva. Y Hugo Silva actuó en *El Ministerio del Tiempo* (temporada de 2016), al lado de Aura Garrido.

Asimismo, resulta igualmente sorprendente constatar que la calidad del vínculo cuenta menos que su alcance, es decir, el número de conexiones posibles que contiene, en lo que se refiere a la difusión (o no) del cambio. Desde el punto de vista de la epidemia social, un vínculo tenue y difuso se revela, así, más eficaz que una relación fuerte. Siguiendo uno de los ejemplos del libro, generalmente no son «los mejores amigos» los que ayudan a uno de sus allegados a encontrar (otro) empleo, sino más bien contactos lejanos que transmiten la información por si acaso.

EL PRINCIPIO DE ADHERENCIA

Un mensaje provoca la adherencia si consigue retener o suscitar la atención. Evidentemente, es el *leitmotiv* del mundo de la publicidad. Emitir un mensaje que enganche forma parte de sus objetivos. Por extensión, cualquiera que desee difundir ampliamente un mensaje debe procurar que este «se enganche» en la memoria del receptor. Gladwell nombra de este modo a este principio en su lengua materna: *the stickiness factor* (el factor del gancho). Esta adherencia puede ser pasiva: puedo ser el receptor de un mensaje con el que no estoy de acuerdo, pero que igualmente voy a transmitir porque lo he retenido, porque me ha hecho reír, porque es memorable, porque recuerda a una realidad que conozco bien. Aquí, el autor hace referencia al conformismo, al espíritu gregario de la mayoría de los actores.

Por otra parte, distingue la adherencia y el contagio: la primera se desprende de la forma del mensaje transmitido, mientras que la segunda reposa en la personalidad del mensajero. El contagio es, de algún modo, la primera etapa de la epidemia. Parte de una persona «fuerte», es decir, influente en su medio. Esta persona adoptará un comportamiento a título personal, llevará un tipo de ropa, practicará una actividad deportiva, etc. En resumen, hará algo que la distinga de los demás. En vista de su personalidad, este comportamiento se difundirá en menor o mayor grado. El hecho de que el contagio continúe o no ya no dependerá de su mensajero, pero sí de la adherencia. En la adherencia también intervienen otros factores como el placer, la ganancia económica o de tiempo, la facilidad, etc. Así, puede ser más fácil aprender algo (un idioma, por ejemplo) de forma lúdica. El carisma del profesor podrá crear un fenómeno de contagio (por ejemplo, influyendo la elección de la lengua); la adherencia vendrá a cambio del método adoptado.

Gladwell sostiene sus observaciones mediante ejemplos sacados de la publicidad o, incluso, con el éxito de dos programas de televisión dirigidos al público joven, para los que presenta los medios utilizados por los realizadores para captar la atención de los niños. Otro ejemplo son los diálogos de culto de películas. ¿Quién no conoce diálogos de películas que no ha visto o cuya historia se ha borrado? Los eslóganes, las «pequeñas frases» políticas o las caricaturas también desempeñan este papel. La imagen que transmite el mensaje es lo que permitirá que se quede grabado en la memoria.

PELÍCULAS QUE MARCAN

Aquí, cabe pensar en las películas del francés Étienne Chatiliez (nacido en 1952). Realizador de publicidad antes de pasarse al cine, realizó películas que marcaron incluso a aquellos que no las vieron, como *La vida es un largo río tranquilo* (1988), *La alegría está en el campo* (1995) y *Tanguy* (2001). Estos títulos han perdurado, se han vuelto a hacer, a veces se han parodiado. Del último salió la expresión «fenómeno Tanguy» que, en francés, designa el fenómeno social de los jóvenes adultos que tardan en marcharse de casa de sus padres.

LA IMPORTANCIA DEL CONTEXTO

Gladwell cree en la importancia del contexto en el comportamiento de los individuos. Situaciones paralelas o parecidas generarán comportamientos distintos por parte de los actores en función de su entorno. El contexto interviene de forma distinta:

- por una parte, a nivel del elemento desencadenante. Una persona, así, reaccionará de forma distinta a un acto de acoso escolar si ya ha vivido una situación comparable, o si la ha vivido alguno de sus allegados.
- a continuación, a nivel de su difusión. Por ejemplo, los padres y los profesionales de la educación, pero también las víctimas o autores de acoso, reaccionarán de otra forma cuando se haya mediatizado un caso.

Por consiguiente, el autor es explícitamente partidario de la teoría de las ventanas rotas, esa teoría de criminología que afirma que una pequeña alteración de un entorno, como un cristal roto, llama a otras.

Teoría de las ventanas rotas

Según esta teoría, una ventana rota sin reparar en un edificio provocará actos de vandalismo (se romperán otros cristales) en el inmueble, y después en otros edificios cercanos. Aquí, se observa una especie de efecto bola de nieve, cuyo punto de partida tiene poca importancia, pero que potencialmente puede tener consecuencias cada vez más graves.

Esta ley demuestra la importancia del entorno sobre el comportamiento individual. Para ilustrar sus observaciones, Malcolm Gladwell toma varios ejemplos. Aquí, mencionaremos dos:

- la disminución de la criminalidad en el metro de Nueva York a principios de los años noventa (tras haber alcanzado un pico en los años ochenta). Para él, la explicación se basa en la designación de dos directivos que, cada uno por su lado, modifican la percepción que los usuarios tienen del metro:

- en primer lugar, David Gunn (nacido en 1937), encargado de la implementación de un importante programa de renovación, empieza por concentrar su trabajo en el estado de pulcritud de los trenes y en la supresión de las pintadas y otros grafitis. En concreto, a medida que se limpian los trenes, ya no se pondrá en circulación a los que tengan pintadas,
- poco después, Bill Bratton (nacido en 1947), también partidario de la teoría de las ventanas rotas, es designado jefe de la policía del metro. Bajo su autoridad, el incivismo, incluso leve (colarse en el transporte público, embriaguez pública...) es sancionado severamente y de forma sistemática. Esta sistematización de las interpelaciones produce efectos no esperados, como la incautación de armas o el arresto de criminales buscados. El mensaje se transmite de forma rápida. El metro se vuelve a la vez más agradable y más seguro. Más tarde, es nombrado a la cabeza de la policía de Nueva York, y recurrirá a las mismas prácticas (sanción sistemática de incivismo leve) con un resultado comparable (fulgurante reducción de la criminalidad);

- «el experimento de Stanford», llevada a cabo por el psicólogo estadounidense Philip Zimbardo (nacido en 1933). A lo largo de este experimento, se pone a algunos estudiantes en situación de inmersión en una cárcel fícticia en la que encarnan a presos o a vigilantes. El resultado fue asombroso: en un gran número de casos, los «vigilantes» se convirtieron en torturadores y los «detenidos» presentaron rápidamente signos de alteraciones psíquicas.

Para Zimbardo, la conclusión es clara: las circunstancias pueden convertir a cada uno en un sinvergüenza o en un héroe. En este contexto, la violencia ejercida sobre los estudiantes mediante la falsa cárcel tuvo repercusiones directas sobre los unos y los otros que, según el papel desempeñado, vieron sus puntos fuertes reforzados o sus puntos débiles acentuados. Durante las entrevistas que se llevaron a cabo tras la experiencia, los estudiantes consideraban que, fuera de ese contexto, nunca habrían actuado o reaccionado de esa forma.

Gladwell presenta estos dos ejemplos para explicar por qué se adhiere a la teoría de las ventanas rotas y de qué forma sirve a sus observaciones cuando destaca el entorno como factor determinante en el desencadenamiento de una epidemia social.

Al referirse a la influencia del entorno sobre el comportamiento, Gladwell también pone el acento sobre el carácter no homogéneo de los individuos, que se pueden percibir de forma muy distinta en función de las circunstancias. Dicho de otra forma, una cualidad en un lugar o un contexto determinado puede convertirse en un defecto en otro. Así, alguien que sea apreciado en su trabajo por sus cualidades de organización podría hacer enfadar a la gente durante las vacaciones por comportarse del mismo modo, ya que no dejaría suficiente lugar para el descubrimiento y los imprevistos. Por extensión, esto nos conduce al concepto de la disonancia cognitiva.

Teoría de la disonancia cognitiva

La teoría de la disonancia cognitiva, que puso de manifiesto Leon Festinger (psicosociólogo estadounidense, 1919-1989) a mediados de la década de los cincuenta, se interesa por las tensiones causadas cuando un individuo actúa en contradicción con sus creencias, y por la forma en la que este individuo concilia estos elementos incompatibles para conservar una cierta coherencia.

Así, para reducir la incomodidad generada, el ser humano prefiere, de forma bastante inesperada *a priori*, legitimar sus actos según el contexto más que referirse a sus creencias o a sus valores. Así, el contexto justificaría la diferencia de comportamiento. Por ejemplo, como peatón, no te gustan los coches aparcados sobre las aceras, aunque sea solo un poco. Sin embargo, como conductor, a veces lo aparcas así, sobre todo cuando no te paras más de cinco minutos, cuando otro coche ya está aparcado con dos ruedas subidas a la acera, cuando la calle es tranquila (por lo que no molestas a demasiada gente), etc.

EL PUNTO CLAVE

El «punto clave» designa el momento en el que la conjunción de los tres factores descritos más arriba —pájaros raros, adherencia, contexto— producirá una «epidemia social», un fenómeno que se desarrollará de forma casi espontánea mediante una especie de efecto bola de nieve. Es el punto de no retorno, a partir del cual el fenómeno llega a una masa crítica y se retroalimenta, cada vez más rápidamente.

REPERCUSIONES

CRÍTICAS A SU PERSPECTIVA

Globalmente, el libro tuvo una repercusión que su autor no se esperaba, sobre todo gracias al uso de la expresión *tipping point* que hizo Bill Clinton (hombre de Estado estadounidense, nacido en 1946) durante una conferencia de prensa —en inglés, el título original del libro es *The Tipping Point*—. *La clave del éxito* se convierte rápidamente en un superventas. Los medios lo elogian, por su teoría innovadora expuesta con un estilo agradable.

Sin embargo, la obra también es objeto de algunas críticas. Aunque ilustra su intención a la perfección, Gladwell solamente analiza *a posteriori* una serie de acontecimientos, sin sacar una conclusión aplicable, algo que no ha dejado de reprochársele. No obstante, este no es su objetivo. En efecto, en ningún momento pretende, basándose en los ejemplos dados, explicar cómo crear una epidemia social. Analiza fenómenos, explica las razones de los resultados observados, pero no aspira a proporcionar un método que se pueda reproducir al antojo. Por eso, para algunos, no hace más que presentar ideas simples bien decoradas, pero inaplicables a la realidad como herramientas.

Asimismo, cabe destacar que Gladwell en general solamente recurre a un número relativamente limitado de referencias y de experimentos en materia de psicología social. Deja a algunas corrientes completamente de lado, como la que pone énfasis en la libertad de acción que sienten los sujetos: un individuo que se encuentre en una situación obligatoria tendrá más tendencia a aceptarla, o incluso a encontrarla positiva, si la vive como voluntaria, aunque solo sea de forma parcial.

Así, Robert-Vincent Joule (investigador en psicología social) hizo una prueba en 1994 con el impacto de cursos de formación. En un primer grupo, presentó la formación como obligatoria, con sanción directa en caso de ausencia. En un segundo grupo, la formación fue presentada como teóricamente obligatoria, con sanciones, también teóricas, ya que el formador al principio dijo que era contrario a su aplicación y que por ello había decidido no castigar las eventuales ausencias. Los resultados fueron sorprendentes: el interés por la formación y la satisfacción relacionada con ella son superiores en el segundo grupo, pero solamente en un 2 %. En cambio, la tasa de colocación al finalizar la formación es superior en un 20 % en el segundo grupo de participantes (56 % frente a un 36 % para los participantes del primer grupo). Esta diferencia aumenta todavía más cuando miramos los resultados de la colocación tres meses después de la formación, ya que observamos entonces una tasa del 69 % para el grupo en el que la obligación se presentaba como teórica, ¡frente al 35 % para el grupo con la «obligación rígida»! Aquí vemos que la libertad de acción que sentían que tenían los actores ha tenido influencia, no tanto en su comportamiento inmediato como en la percepción de la formación. Vivida como una obligación, sus aportaciones se minimizan, mientras que cuando se vive como algo libremente consentido, los participantes del segundo grupo la integran y la valorizan mejor.

Parece que el planteamiento de Gladwell, en gran medida, insinúa esta libertad de los actores, los que propagan un fenómeno sin ser todavía conscientes de que son «pájaros raros». Dicho esto, el análisis particular de este sentimiento de libertad podría incluso enriquecer o matizar el trabajo de Gladwell, sobre todo en el caso en el que deseáramos utilizar sus teorías para provocar una epidemia social.

EXTENSIONES Y PERSPECTIVAS SIMILARES

Su planteamiento, aunque no proporciona directamente un método construido, abre nuevos campos de investigación en distintos ámbitos y, en este sentido, puede contribuir a construir uno.

Así, al final de la obra el autor proporciona una explicación de la epidemia de tabaquismo que se produce en la población joven. Siempre se refiere a la influencia y, por consiguiente, a los «pájaros raros», pero también da otras explicaciones para el punto clave en este caso. Por un lado, constata un vínculo entre depresión y tabaquismo intensivo. A grandes rasgos, el consumo de nicotina aumenta la liberación de dos neurotransmisores (entre los cuales se encuentra la dopamina), lo que hace que las personas depresivas o sujetas a depresión se vuelvan más receptivas a los efectos de la nicotina y, por consiguiente, que sean potencialmente más fácilmente dependientes del tabaco. Por otro lado, define, en base a estudios científicos, un tipo de «umbral» por debajo del que la nicotina solamente es poco (o incluso nada) adictiva. En consecuencia, propone dos ejes de reflexión en lo que se refiere al tabaquismo de los jóvenes: en la hipótesis en la que el tabaquismo sería el síntoma de un malestar profundo (temperamento depresivo), se trata de concentrarse en este último, más que en el consumo de cigarrillos; a continuación, no hay que preocuparse demasiado por un tabaquismo ligero u ocasional en la medida en que, si es poco adictivo, los medios desarrollados correrían el riesgo de ser desproporcionados en relación con los efectos obtenidos en materia de sanidad pública. Aquí, vemos que, al salir del ámbito de las ciencias sociales, amplía el campo de aplicación potencial de su planteamiento.

Su obra también plantea la pregunta de la imagen y del comportamiento de estos pájaros raros. En una gran parte de casos, no pidieron ser desencadenantes. Por otro lado, también pueden sacar provecho de serlo, sobre todo en materia profesional. Así, ¿se tiene que considerar de una forma particular a un actor o un deportista de alto nivel? ¿O, finalmente, no es más que una persona que dispone de un talento particular y a quien, después de todo, no se le pide «nada más» que hacer su trabajo correctamente? ¿Puede informar de sus pequeñas (o grandes) excentricidades o debe mostrar una cierta reserva, a causa de un prejuicio eventual hacia su imagen, por un lado, pero también a causa del conformismo que este comportamiento correría el riesgo de conllevar, o de la epidemia social que podría provocar? Así, Gladwell hace notar que los estudios estadísticos han demostrado aumentos significativos de suicidios poco después de un suicidio al que se le ha dado una gran cobertura mediática. En los ejemplos expuestos en la obra, no solamente el acto en sí mismo hacía objeto de una epidemia, sino que también lo hacía su método.

De forma dinámica, Malcolm Gladwell termina su obra aumentando las posibilidades de desarrollo de su planteamiento, ya sea con claves para intentar luchar de forma eficaz contra un fenómeno reconocido como negativo (tabaquismo de los jóvenes) o para explicar comportamientos y, de nuevo, sugerir recomendaciones que descansan sobre sus reflexiones. Así, identificar a un pájaro raro puede permitir, en un sentido, difundir una información, pero también, en sentido contrario, puede contribuir a frenarla.

Algunas empresas intentaron poner esta idea en práctica, buscando pájaros raros y construyendo mensajes «con gancho», por ejemplo a través del *storytelling*. Pero estamos lejos de la receta milagrosa que permita crear un entusiasmo social a discreción para un producto o un comportamiento.

EN RESUMEN

- Gladwell insiste en una serie de factores susceptibles de producir, a partir de un punto clave, lo que califica como epidemia social.
- En el origen de toda epidemia encontramos lo que podríamos llamar, si no detalles, por lo menos elementos menores.
- Gladwell pone como condición de partida para toda epidemia a los «pájaros raros», es decir, personas que, a causa de su personalidad, de sus conocimientos o de su facilidad de relación pueden originar (voluntariamente o no) un fenómeno de gran magnitud. Sin estos transmisores, no hay propagación.
- Otro elemento importante según Gladwell es la adherencia. Se trata de las cualidades intrínsecas del mensaje, que harán que este siga en la memoria de quien lo ha recibido y que sea repetido: es elocuente, es agradable, es divertido, es sorprendente… o incluso, está bien construido, es práctico, va directamente al grano. Un buen mensajero con un mensaje que no engancha no ocasionará fenómenos de epidemia social.
- Finalmente, Gladwell subraya la importancia del contexto. Así, hace hincapié en el hecho de que los actores sociales son influenciables. Aquí, hay que entender el entorno en el sentido amplio:
  - entorno físico (ejemplo de influencia del contexto creado por la falsa cárcel en el experimento de Zimbardo);
  - entorno social, a saber, la influencia del comporta-

miento de otras personas. Tomando el ejemplo del asesinato de Kitty Genovese afirma que, si esta última no fue auxiliada, no fue «a pesar» de la presencia de 38 testigos, sino «a causa» de estas 38 personas, ya que la inacción de una influenció en cierta manera en la inacción de las demás, ya que cada uno estimaba que, o bien el «otro» está mejor informado y no hay necesidad de llamar a los servicios sanitarios, o bien el «otro» ya lo ha hecho;

- influencia no visible dada por una orden o incluso un simple comentario (los seminaristas que tenían prisa se mostraban menos inclinados a prestar auxilio). Aquí, el hecho de ir con prisa hace que los sujetos estén menos receptivos a su entorno o se antepone para explicar su comportamiento. Pasa un poco como con el conejo de *Alicia en el país de las maravillas*, que tenía mucha prisa...

- Todos estos elementos conjugados terminan conduciendo a un «punto clave», ese momento en el que un fenómeno limitado hasta entonces se convierte espontáneamente en un fenómeno social de gran magnitud.

PARA IR MÁS ALLÁ

FUENTES BIBLIOGRÁFICAS

- Gladwell, Malcolm. 2007. *La clave del éxito*. Traducido por Inés Belaustegui. Madrid: Taurus, colección *Pensamiento*.
- Gladwell, Malcolm. 2002. "The Talent Myth". *The New Yorker*. 22 de julio. Consultado el 16 de enero de 2017. http://www.newyorker.com/magazine/2002/07/22/the-talent-myth
- Preston, John. 2009. "Malcolm Gladwell interview". *The Telegraph*. 26 de octubre. Consultado el 16 de enero de 2017. http://www.telegraph.co.uk/culture/6416229/Malcolm-Gladwell-interview.html
- Vaidis, David y Séverine Halimi-Falkowicz. 2007. "La théorie de la dissonance cognitive: une théorie âgée d'un demi-siècle". *Revue électronique de Psychologie Sociale*, n.º 1, 9-18. http://www.psychologie-sociale.com/index.php?option=com_content&task=view&id=366&Itemid=85

PELÍCULAS Y DOCUMENTALES

- *38 testigos*. Dirigida por Lucas Belvaux, con Yvan Attal, Sophie Quinton y Nicole Garcia. Francia y Bélgica: France 3 Cinéma, Agat Films & Cie y RTBF, 2012.
- *Le Jeu de la Mort*. Docuficción dirigido por Thomas Bornot y Gilles Amado, y escrito por Christophe Nick. Francia y Suiza: Yami 2 Productions, RTS y France Télévisions, 2009.